Annette Neubauer

YAKARI

Der Feuerriese

Ravensburger Buchverlag

Bibliografische Information der Deutschen Nationalbibliothek:

Die Deutsche Nationalbibliothek verzeichnet diese Publikation
in der Deutschen Nationalbibliografie.
Detaillierte bibliografische Daten sind im Internet
über http://dnb.d-nb.de abrufbar.

1 2 3 4   D C B A

Originalausgabe
© 2018 Ravensburger Buchverlag Otto Maier GmbH

© Derib + Job — Le Lombard (Dargaud-Lombard S.A.) 2018
Licensed by: Euro Lizenzen, D-80331 München
© 2016 – Ellipsanime Productions / Belvision / ARD & WDR /
Les Cartooneurs Associés / 2 Minutes
Yakari TV Serie realisiert von Xavier Giacometti
nach der Geschichte «Der Feuerriese»
von Mathilde Maraninchi & Antonin Poirée

Producing: Weiß-Freiburg GmbH – Graphik & Buchgestaltung

Alle Rechte dieser Ausgabe vorbehalten durch
Ravensburger Buchverlag Otto Maier GmbH
Postfach 1860, 88188 Ravensburg

Printed in Germany
ISBN 978-3-473-49111-7
www.ravensburger.de

Inhalt

Kleiner Dachs gibt an

Es ist bereits später Nachmittag, aber die Sonne scheint noch warm vom Himmel. Yakari steht mit Kleiner Dachs und Wirbelwind auf der Koppel.

Die drei Freunde haben
einen tollen Ausflug gemacht.
Jetzt striegeln sie ihre Pferde.

„Stellt euch vor, gestern bin ich im Wald einem wilden Puma begegnet. Der Puma ist direkt auf mich zugelaufen und hat gefaucht! Aber ich habe mich hingestellt und ihn laut angebrüllt. Da hat sich der Puma umgedreht und ist weggelaufen. Das hättet ihr sehen sollen", erzählt Kleiner Dachs stolz, während er seinen Mustang mit Heu abreibt.

„Hast du wirklich einen
wilden Puma vertrieben?",
fragt Wirbelwind und staunt.
Er möchte auch gerne so mutig
sein wie sein älterer Freund.

„Der Puma ist ganz schnell weggelaufen und hatte Angst
wie ein kleiner Hase, als er mich gesehen hat. Dabei hatte
ich noch nicht mal eine Waffe in der Hand", sagt Kleiner
Dachs. Wirbelwind sieht seinen Freund bewundernd an.
Aber Yakari glaubt Kleiner Dachs kein Wort.

Yakari steichelt seinem Pferd Kleiner Donner über
den Hals. Dann dreht er sich zu Kleiner Dachs um.
„Die Geschichte ist doch bloß wieder erfunden", sagt er.
„Du behauptest, dass ich lüge?", fragt Kleiner Dachs
und schaut Yakari entrüstet an.

Yakari antwortet ihm nicht.
Er dreht sich zu Wirbelwind um.

„Kleiner Dachs möchte dich beeindrucken. Deswegen flun-
kert er. Keiner vertreibt einen wilden Puma ohne Waffen."
„Eines Tages werden die Flunkereien von Kleiner Dachs
noch böse enden", sagt Kleiner Donner zu Yakari. „Hoffentlich kommt Wirbelwind nicht auf den dummen Gedanken,
allein wilde Tiere zu jagen."

Doch die Freunde werden aus ihrem Gespräch gerissen.
„Kinder, es ist schon spät! Wir wollen zusammen zu Abend essen!", ruft Yakaris Mutter, Schimmernde Zöpfe.
„Bis morgen, Kleiner Donner", verabschiedet sich Yakari von seinem Pferd und klopft ihm auf die Seite.

„Morgen bin ich mit meinem
Freund Orkan unterwegs.
Wir haben uns so lange
nicht gesehen und möchten
einen Ausflug machen",
sagt Kleiner Donner.

„Ich wünsche dir viel Spaß mit Orkan. Pass gut auf dich auf, mein lieber Freund." Yakari umarmt sein Pferd. „Schlaf gut!"

Der Stein aus dem Feuerriesen

Nach dem Abendessen versammeln sich die Kinder im Wigwam von Stiller Fels. Stiller Fels ist der Dorfälteste und hat schon viel erlebt.

Die Kinder sitzen oft
am Lagerfeuer und hören
dem klugen alten Mann
mit den langen Zöpfen zu.

Heute hat Stiller Fels eine ganz besondere Geschichte für sie. „Kennt ihr den Feuerriesen?", fragt er. Die Kinder schütteln die Köpfe. Von dem Feuerriesen haben sie noch nie gehört.

„Der Feuerriese ist eine riesige Tanne. Sie ist so groß, dass ihre Spitze in den Wolken verschwindet", erklärt Stiller Fels. Er hebt die Arme in die Höhe, während das Lagerfeuer rote Funken schlägt. „Es braucht sechs Kinder, um seinen Stamm Hand in Hand zu umfassen."

Die Kinder staunen.
So einen mächtigen Baum
haben sie noch nie gesehen.

„Wo steht eigentlich der Feuerriese?", will Wirbelwind wissen. „Oben auf dem Berg, den wir den Schwarzen Felsen nennen!", antwortet Stiller Fels.

Stiller Fels erzählt: „Vor vielen Jahren schlug ein Blitz in die Tanne ein. Ihre Nadeln und Äste brannten viele Tage, aber der Baumstamm verkohlte nicht ganz. Denn sein Holz ist so hart wie Stein. Als schließlich das Feuer erlosch, stand die Tanne immer noch!"

Die Kinder sehen den klugen Mann mit den weißen Haaren ungläubig an und staunen. Keines wagt es, sich zu bewegen. „Als der Feuerriese in Flammen stand, war ich so alt wie ihr. Aber ich erinnere mich an die gewaltige Flammenfackel, als ob es gestern gewesen wäre. Das Feuer breitete sich schnell aus und ein Indianerstamm musste in wilder Hast fliehen. Die Gefahr war zu groß, dass die Flammen das Indianerdorf vernichten könnten", erklärt Stiller Fels. „Seit jenen Tagen trauen sich nur die Mutigsten in das Innere des Feuerriesen, denn man sagt, dass er von bösen Geistern bewohnt wird."
„Geister?", fragt Wirbelwind erschrocken.

„Kinder, die Sonne ist schon untergegangen und ihr müsst in eure Zelte, um zu schlafen", sagt Stiller Fels. „Morgen Abend erzähle ich euch eine andere Geschichte."

„Gute Nacht, Stiller Fels",
sagt Wirbelwind und steht auf.
Dann geht er nach draußen.

Auch Yakari und Kleiner Dachs verabschieden sich. Doch bevor die beiden hinausgehen, bückt sich Kleiner Dachs blitzschnell. Unbemerkt hebt er einen Stein auf, der neben der Feuerstelle liegt. Mit dem Stein in der Hand läuft er hinaus zu Wirbelwind. „Schau mal, was ich aus dem Feuer-riesen geholt habe, als ich beim Schwarzen Felsen gejagt habe", sagt Kleiner Dachs und zeigt Wirbelwind den Stein.

„Du warst im Feuerriesen und hast dich nicht gefürchtet? Du bist echt mutig", staunt Wirbelwind und betrachtet den Stein.

„Wer wilde Pumas jagt wie ich, hat doch keine Angst vor Geistern", sagt Kleiner Dachs.

„Ich hole mir auch so einen Stein. Ich bin genauso mutig wie du", sagt Wirbelwind und verschwindet in seinem Wigwam. Yakari hat den beiden zugehört.
„Du darfst Wirbelwind nicht solche Geschichten erzählen. Er ist jünger als wir und er kann noch nicht unterscheiden, was wahr ist und was nicht. Er glaubt dir jedes Wort."
„Ich wollte ihn doch nur aufziehen. Morgen werde ich ihm die Wahrheit sagen", antwortet Kleiner Dachs. Bevor Yakari noch etwas sagen kann, verschwindet sein Freund im Zelt.

Am nächsten Morgen stürmt Yakari in den Wigwam von
Kleiner Dachs, der noch tief schläft.
„Wach auf!", ruft Yakari aufgeregt und schüttelt ihn. „Wirbel-
wind ist weggeritten. Er ist bestimmt auf dem Weg zum Feuer-
riesen, um einen Stein zu holen. Wir müssen ihn suchen!"
„Das ist aber mutig", sagt Kleiner Dachs und dreht sich um.

**„Ich habe gerade geträumt,
dass ich ein wildes Tier jage.
Lass mich doch bitte
weiterschlafen!", murmelt er.**

„Wirbelwind ist in Gefahr! Beim Feuerriesen sind Wölfe!",
sagt Yakari und zieht an der roten Decke.

Auf der Spur von Wirbelwind

„Wir müssen Wirbelwind einholen!", sagt Yakari zu Kleiner Dachs. „Steh endlich auf." Dann zieht er ihm die Decke weg.

Yakari schiebt Kleiner Dachs aus seinem Zelt zur Koppel.

„Ausgerechnet heute ist Kleiner Donner nicht bei uns und kann uns beschützen!", sagt Yakari.
„Glaubst du wirklich, dass Wirbelwind direkt zu den Wölfen reitet?", fragt Kleiner Dachs ängstlich.
Yakari nickt und sagt ernst: „Ich denke schon und ich habe große Angst um ihn."

„Weißt du, Yakari, du kannst Wirbelwind allein bestimmt
viel besser helfen. Reite unserem Freund doch einfach mit
meinem Pferd Blitz hinterher", schlägt Kleiner Dachs vor
und will wieder zurück zum Wigwam.
Yakari hält ihn fest. „Hiergeblieben! Du hast Wirbelwind
mit deiner dummen Lügengeschichte erst auf die Idee
gebracht, zum Feuerriesen zu reiten. Du kommst mit!"

Yakari packt Kleiner Dachs am Arm und zieht ihn hinüber zu den Pferden.

Nacheinander schwingen sie sich auf den Rücken von Blitz.
Kleiner Dachs nimmt die Zügel und sie preschen los.

Die Freunde sind noch nicht weit vom Dorf entfernt, als Yakari frische, tiefe Hufabdrücke im Grasboden entdeckt.

„Da sind Spuren von Wirbelwinds Pferd. Sie führen direkt zu dem Feuerriesen! Es ist genau so, wie ich befürchtet habe: Wirbelwind will dich beeindrucken und selbst einen Stein aus dem Baumstamm holen. Hoffentlich haben ihn die Wölfe noch nicht gewittert", ruft Yakari erschrocken.

So schnell sie können, reiten die beiden den Spuren hinterher.

„Kleiner Donner fehlt mir so. Mit ihm fühle ich mich viel stärker", sagt Yakari zu Kleiner Dachs.

Plötzlich stoppt Kleiner Dachs. „Sieh mal! Da vorne steht Wirbelwinds Pferd!" Er zeigt auf Roter Mond.

Yakari springt schnell von Blitz und läuft zu Wirbelwinds Pferd.

Neben Roter Mond entdeckt er ein paar Fußspuren von Wirbelwind, die ins Unterholz führen. „Hier sind Spuren. Wir müssen ihnen nachgehen!", ruft Yakari. „Ich soll absteigen? Hier sind doch Wölfe!", antwortet Kleiner Dachs ängstlich.
Aber Yakari gibt nicht nach. „Der große Pumajäger traut sich nicht, die Spuren eines kleinen Kindes zu verfolgen?", sagt er und schaut Kleiner Dachs fragend an.

Endlich steigt Kleiner Dachs vom Pferd. Yakari schiebt ihn vor sich durch den Wald. „Es stimmt schon. Ich habe wirklich übertrieben, als ich von meiner Pumajagd und dem Stein erzählt habe. Aber ich dachte nicht, dass Wirbelwind mir glauben würde", sagt Kleiner Dachs zerknirscht.

Sie folgen Wirbelwinds Spuren.
Plötzlich entdeckt Yakari
noch andere Abdrücke
auf dem Waldboden.

„Das hier sind Wolfsspuren! Sie kreuzen die Fußspuren von Wirbelwind!", flüstert Yakari erschrocken. Er kniet sich hin, um die Abdrücke im Boden genauer zu betrachten. „Die Wölfe sind Wirbelwind dicht auf den Fersen", stellt er fest. Kleiner Dachs zittert jetzt vor Angst am ganzen Körper. „Wenn du willst, geh zu den Mustangs zurück und beruhige sie. Bald werden Roter Mond und Blitz die Wölfe wittern. Dann werden sie bestimmt vor ihnen fliehen und ins Dorf zurücklaufen wollen. Du musst sie gut festhalten", sagt Yakari. Kleiner Dachs dreht sich erleichtert um und rennt schnell zurück, während Yakari in die andere Richtung weitergeht.

Yakari geht leise und schaut sich aufmerksam nach Wölfen um. Aber er kann sie nirgendwo entdecken. Doch er spürt, dass sie in der Nähe sind und ihn beobachten.

Grauer Wolf gibt nach

Yakari geht leise zwischen den Bäumen durch. Da sieht er
auf einmal Wirbelwind, der mit gespanntem Pfeil und Bogen
vor dem Eingang einer Kaninchenhöhle steht.
Er trampelt und schreit: „Komm raus, du blödes Kaninchen!"
Plötzlich hört Yakari ein leises Knurren neben sich.

Auf einem Felsen

steht ein wütender Wolf,

der Wirbelwind belauert hat.

Jetzt sieht der Wolf Yakari

und knurrt ihn an.

Wirbelwind ist so beschäftigt, dass er davon überhaupt
nichts bemerkt, sondern weiter herumschreit.

Yakari geht mutig
auf den wilden Wolf zu.
„Hallo, Grauer Wolf!", sagt er.

Der graue Wolf fletscht die Zähne und knurrt gefährlich.
„Meine Sprache sprichst du. Doch wer bist du?", fragt er.
„Ich bin Yakari und spreche die Sprache aller Tiere. Mein
Totemtier hat mir diese Gabe verliehen", erklärt Yakari.
„Bitte lass meinen Freund in Ruhe."
„Dein Freund hat mit seinem Geschrei das Kaninchen
verscheucht, auf das ich gelauert habe. Dabei knurrt mir
schon seit Tagen der Magen vor Hunger", antwortet Grauer
Wolf und funkelt Yakari aus gelben Augen an.

„Ich kann nicht zulassen, dass dein Freund mit seinem Lärm unsere Beute vertreibt. Unser Rudel braucht etwas zu fressen."

„Ich verstehe dich. Aber mein Freund ist noch sehr jung und hat vom Jagen keine Ahnung. Bitte lass ihn mich von hier wegbringen. Dann hast du wieder Ruhe in deinem Gebiet und kannst darin ungestört jagen", sagt Yakari.

„Also gut, ich vertraue dir. Du sprichst unsere Sprache und verstehst uns. Sag deinem Freund, dass er nie wieder in das Revier der Wölfe kommen soll. Ein zweites Mal habe ich kein Erbarmen mit ihm. Hunger ist fürchterlich", knurrt Grauer Wolf.

„Danke, Grauer Wolf!", antwortet Yakari erleichtert.

„Aber merk dir: Ich verlasse mich auf dein Wort, weil du eine besondere Gabe hast", sagt Grauer Wolf. „Sonst würde ich deinen Freund nicht verschonen."

„Wir werden sofort von hier wegreiten", sagt Yakari.

Wirbelwind steht immer noch vor dem Kaninchenbau. Yakari geht zu ihm und legt seine Hand auf seine Schulter. „Wirbelwind! Komm jetzt mit uns zurück ins Dorf", sagt er zu seinem jungen Freund.

Wirbelwind dreht sich um. Da sieht er, wie Grauer Wolf im Gebüsch verschwindet.

„Yakari! Da war ein Wolf. Ich habe ihn mit meinem Pfeil und Bogen verscheucht", ruft Wirbelwind aufgeregt. „Sei still, Wirbelwind", sagt Yakari und legt den Arm um seinen Freund. „Wenn du weiter so schreist, kommt der Wolf zurück und wird uns angreifen."

Wirbelwind will mutig sein

„Einen Wolf zu vertreiben ist genauso mutig, wie einen
Puma zu jagen! Ich bin genauso mutig wie Kleiner Dachs!",
sagt Wirbelwind stolz, während sie zurück zu den Pferden
gehen. Als Wirbelwind Kleiner Dachs sieht, ruft er stolz:
„Stell dir vor! Yakari wäre fast von einem Wolf angegriffen
worden. Aber ich habe ihn mit meinem Pfeil und Bogen
verscheucht!"

„Das hast du nicht, Wirbelwind.
Der Wolf wollte dich angreifen!
Er hat dich nur verschont.
Reiten wir nach Hause,
bevor er wiederkommt!",
sagt Yakari.

Als Wirbelwind Yakaris Worte hört, wird er wütend.
„Ich bin so mutig wie ihr. Wenn ihr mir nicht glaubt, hole
ich mir einen Stein aus dem Feuerriesen", sagt er trotzig.
„Kleiner Dachs, jetzt solltest du ihm die Wahrheit sagen",
sagt Yakari. Kleiner Dachs geht zu Wirbelwind und sagt
leise: „Sei doch bitte vernünftig. Du bist viel zu jung, um
so mutig zu sein wie ich."
„Ich werde es euch schon beweisen, wie mutig ich bin",
ruft Wirbelwind.

Mit einem Satz springt er auf Roter Mond und prescht davon.

„Warte!", ruft Yakari. Doch Wirbelwind ist bereits im Wald
verschwunden. „Du hättest ihm die Wahrheit sagen
müssen, Kleiner Dachs!" Yakari ist wütend.

Wirbelwind reitet auf Roter Mond
direkt zum Feuerriesen.
Schnell nähert er sich
dem geheimnisvollen Baum.
Seine Angst wird immer größer.

„Wirbelwind ist einfach zu dickköpfig. Wenn er unbedingt
zum Feuerriesen reiten will, soll er es doch tun", sagt Kleiner
Dachs. Doch Yakari ist schon auf den Rücken von Blitz
gesprungen.

„Wirbelwind ist mein Freund! Er ist viel jünger als wir und
kann sich noch nicht gegen wilde Tiere wehren", sagt Yakari.
„Ich werde ihn beschützen. Geh du nur heim."

„Hier sind Wölfe und ich soll alleine nach Hause gehen? Das
kommt nicht in Frage!", sagt Kleiner Dachs und springt hinter
Yakari auf das Pferd. Yakari nimmt die Zügel. „Lauf!", ruft er.

„Keine Angst, Roter Mond! Mit mir kann dir nichts passieren. Du hast vielleicht Angst, zum Feuerriesen zu laufen. Vielleicht hast du auch Angst vor den bösen Geistern. Aber ich bin bei dir und beschütze dich!", sagt Wirbelwind zu seinem Pferd.

Eigentlich will Wirbelwind sich selbst Mut machen.

Plötzlich stehen die beiden vor dem riesigen Baum. „Uaah! Der Feuerriese!", ruft Wirbelwind erschrocken. Der Schrei ist so laut, dass ihn sogar Yakari und Kleiner Dachs hören. Wirbelwind steigt mit zitternden Knien vom Pferd. „Warte du hier auf mich, Roter Mond. Ich gehe schnell allein zum Feuerriesen und bin gleich wieder bei dir", sagt er.

Wirbelwind hält Pfeil und Bogen in den Händen und geht mit gesenktem Kopf auf den Baumstamm zu. Dabei redet er sich unablässig Mut zu. „Ich hole nur eben einen Stein. Dann reite ich so schnell wie möglich zurück ins Dorf. Heute Abend am Lagerfeuer wird Stiller Fels staunen. Dann erzähle ich ihm meine Geschichte vom Feuerriesen", tröstet er sich selbst.

Aber mit jedem Schritt
wird seine Stimme leiser.
Dabei klopft sein Herz
immer schneller und lauter.
Als er den Eingang erreicht,
ist Wirbelwind sehr aufgeregt
und kann kaum noch atmen.

Der Blitz hat einen Spalt in den Stamm geschlagen und das Feuer hat den unteren Teil des Baums ausgehöhlt, während die äußere Rinde von den Flammen verschont geblieben ist. Jetzt schaut Wirbelwind ins Innere.

„Ich mache es wie Kleiner Dachs. Ich gehe einfach hinein und hole mir einen Stein. Dann werden meine Freunde staunen." Doch plötzlich bewegt sich etwas im Feuerriesen. Wirbelwind wird vor Schreck ganz starr. Ein krächzendes Geräusch ertönt und aus dem Stamm fliegt etwas Großes und Schwarzes auf ihn zu.

„Hilfe! Ein Geist!", ruft Wirbelwind. Erschrocken läuft er zurück zu Kleiner Mond. Er kniet sich verzweifelt unter sein Pferd und hält die Hände vors Gesicht.

„Das schaffe ich nie! Ich bin nicht so mutig wie Kleiner Dachs. Warum habe ich nicht auf Yakari gehört und bin mit ihm zurück ins Dorf geritten?", jammert er und weint. Er ahnt gar nicht, wie groß die Gefahr wirklich ist, in der er sich befindet.

Geister im Feuerriesen

Wirbelwinds lauten Schrei haben nicht nur Yakari und
Kleiner Dachs gehört, sondern auch ein Wapiti, der auf
der Prärie gegrast hat. Als sich der Wapiti erschrocken
umdreht, entdeckt er die Wölfe, die ihn belauern.

**Die Wölfe sind schon lange
in seiner Nähe und hatten sich
auf ihre sichere Beute gefreut.**

Aber von Wirbelwinds Schrei aufgescheucht, läuft der
Wapiti davon. Die Wölfe schnauben vor Wut und jagen ihm
hinterher. Doch der Wapiti ist schneller als seine Verfolger
und kann sie abhängen. Bald müssen die Wölfe die Jagd
aufgeben und heulen vor Wut und Hunger.

Grauer Wolf kommt herbei und fragt: „Was ist passiert?"
„Ein Menschlein hat unsere Beute verscheucht. Es hat so
laut geschrien, dass ein Wapiti erschrocken davongelaufen
ist. Er war uns so gut wie sicher", antwortet einer der
Wölfe böse.

„Mein Beutetier
hat das Menschlein
auch verscheucht",
antwortet Grauer Wolf.

Er fährt fort: „Ich habe das Menschlein verschont, weil mir
sein Freund Yakari versprochen hat, dass er den Störenfried
weit weg bringt. Ich habe mich darauf verlassen."

„Das Menschlein ist noch in unserem Gebiet. Also hat sich Yakari nicht an sein Wort gehalten", sagt einer der Wölfe. Grauer Wolf stimmt ihm zu. „Das dürfen wir nicht dulden. Wir müssen ihn vertreiben. Ich habe beobachtet, wie das Menschlein zum Feuerriesen geritten ist."

**Die Wölfe sind sich einig.
Sie wollen Wirbelwind
einen Denkzettel verpassen.
Gemeinsam rennen sie los
in Richtung Feuerriese.**

„Wir pirschen uns gegen den Wind an, damit uns ihre Pferde nicht wittern", ruft Grauer Wolf.

„Gleich sind wir bei Wirbelwind!", ruft Yakari, der mit Kleiner Dachs so schnell wie möglich zum Feuerriesen reitet. „Da ist Roter Mond! Aber wo ist Wirbelwind?", fragt Kleiner Dachs und zeigt auf das Pferd. Als die beiden näher heranreiten, sehen sie, dass sich Wirbelwind zwischen den Beinen von Roter Mond versteckt hat und auf dem Boden kniet. „Wirbelwind! Da bist du ja! Ich bin so froh!", jubelt Yakari. „Zum Glück ist dir nichts passiert", ruft Kleiner Dachs.

Yakari und Kleiner Dachs
springen vom Pferd.
Als Wirbelwind sie erkennt,
läuft er schnell zu ihnen
und fällt ihnen in die Arme.

„Geht es dir gut?", fragt Yakari seinen jungen Freund.
„Ich wollte in den Feuerriesen hineingehen. Aber ein
schwarzer Geist ist mir entgegengeflogen und hat ganz
gruselig geheult. Da bin ich weggelaufen. Ich habe wirklich
gar keinen Mut", erklärt Wirbelwind niedergeschlagen.

Yakari entdeckt eine Elster, die zwischen den Wurzeln des Feuerriesen Körner aufpickt.

„Kann es sein, dass das der schwarze Geist gewesen ist?",
fragt er Wirbelwind und zeigt auf den Vogel.
„Nein, es war kein Vogel, es war ganz bestimmt ein Geist.
Er ist mir direkt ins Gesicht geflogen", sagt Wirbelwind.

„Hat sich dein Geist etwa so angehört?", fragt Yakari und klatscht ein paar Mal in die Hände.

Die Elster schreit aufgeregt, breitet ihre Flügel aus und fliegt auf Wirbelwind zu.

„Ja, so hat sich der Geist angehört", antwortet Wirbelwind kleinlaut. „Dann ist mir gar kein Geist entgegengeflogen? Ich schäme mich so", sagt er mit herunterhängenden Schultern.
„Das musst du nicht. Wenn man Angst hat, wird aus einer kleinen Schnecke ein großer Bison", tröstet ihn Yakari.
„Kleiner Dachs geht jetzt mit dir in den Feuerriesen und ihr sucht einen Stein für dich. Nicht wahr, Kleiner Dachs?"

Kleiner Dachs sieht Yakari erschrocken an. „Ich soll in den Feuerriesen? Aber wieso denn? Ich habe doch schon einen Stein", sagt er mit zitternder Stimme.
„Keine Widerrede, Kleiner Dachs. Oder hast du Angst, Wirbelwind zu begleiten?", fragt Yakari.

Kleiner Dachs weiß nicht, was er jetzt tun soll. Am liebsten würde er sich aufs Pferd schwingen und nach Hause reiten.

Aber im Wald lauern immer noch die Wölfe. Also will er auch nicht alleine ins Dorf zurückreiten.

„Du kommst mit mir in den Feuerriesen?", fragt Wirbelwind. Doch Kleiner Dachs steht wie angewurzelt da.
„Es ist bestimmt viel besser, wenn Yakari mit dir geht und
ich solange unsere Pferde bewache", sagt er endlich
ausweichend.
„Also gut. Bleib du bei den Pferden", sagt Yakari. Er legt den
Arm um Wirbelwind und geht mit ihm zum Feuerriesen.

Kleiner Dachs dreht sich um und läuft erleichtert zurück zu Roter Mond und Blitz.

„Weißt du, Wirbelwind, man kann sich fürchten und trotzdem mutig sein. Seine Angst kann man überwinden. Sei
mutig. Du wirst sehen, da sind keine bösen Geister in dem
Baum", sagt Yakari zu Wirbelwind, der ihm aufmerksam
zuhört.

Die Wölfe lauern

Yakari und seine Freunde ahnen noch nicht, dass sich die Wölfe im nahen Gebüsch verstecken und sie beobachten. Aber Großer Adler, Yakaris Totemtier, spürt in der Ferne, dass sein Schützling in Gefahr ist.

Er breitet seine Flügel aus und fliegt zu Yakari.

Als er beim Feuerriesen angekommen ist, landet er auf einem Ast und sieht, wie die hungrigen Wölfe langsam aus ihren Verstecken kriechen. „Ich muss schnell etwas unternehmen", denkt Großer Adler. „Die Wölfe werden bald angreifen. Es sieht nicht gut aus für Yakari und seine Freunde."

Als Yakari und Wirbelwind am Eingang des Feuerriesen stehen, hören die beiden lautes Wiehern. Erschrocken drehen sie sich um. Die Wölfe schleichen sich an Roter Mond, Blitz und Kleiner Dachs heran! Kleiner Dachs weiß nicht, was er machen soll. Die Pferde bäumen sich auf, um die Wölfe mit ihren Hufen zu vertreiben. Doch die Wölfe sind zu dritt und damit in der Überzahl. Als sie merken, dass sie sich nicht wehren können, laufen die Mustangs panisch davon. Kleiner Dachs stürzt zu Yakari und Wirbelwind hinüber. „Die Wölfe greifen an!", ruft Kleiner Dachs verzweifelt. „Schnell! In die Baumhöhle", befiehlt Yakari seinen Freunden. „Aber da sind die bösen Geister", meint Kleiner Dachs. „Wir müssen uns jetzt vor den Wölfen in Sicherheit bringen. Dann kümmern wir uns um die Geister. Nun macht schon! Hinein mit euch, bevor es zu spät ist", ruft Yakari und schiebt seine Freunde durch den Spalt ins Innere des Baumes.

Großer Adler breitet seine mächtigen Flügel aus und fliegt los. Er gleitet über die Prärie und hält mit seinen scharfen Adleraugen Ausschau.

Bald entdeckt er Kleiner Donner. Er unterhält sich gerade mit seinem Freund Orkan. Sie haben Großer Adler noch nicht bemerkt.

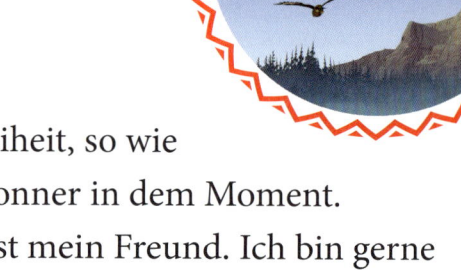

„Warum lebst du nicht in Freiheit, so wie wir?", fragt Orkan Kleiner Donner in dem Moment. „Ich lebe in Freiheit. Yakari ist mein Freund. Ich bin gerne mit ihm zusammen", antwortet Kleiner Donner.

Großer Adler fliegt im Sturzflug herab und gleitet dann ganz nahe über die Köpfe der beiden Pferde. Dann macht er einen Halbkreis und fliegt in derselben Richtung zurück, aus der er gekommen ist. Kleiner Donner hat sofort verstanden, was Yakaris Totemtier ihm mitteilen will.

„Das ist Großer Adler", erklärt er seinem Freund Orkan.

„Er ist hier, weil Yakari in ernster Gefahr ist. Ich muss mich beeilen und gleich zu ihm laufen."

„Ich komme mit dir, mein Freund", sagt Orkan. „Vielleicht kann ich etwas für euch tun!"

Die beiden Pferde laufen sofort los.

Dabei folgen sie Großer Adler, der vorausfliegt und ihnen am Himmel den Weg zum Feuerriesen zeigt.

Inzwischen stehen die Wölfe vor dem Feuerriesen. Grauer
Wolf ruft verärgert: „Yakari! Du hast deinen Freund nicht
weggebracht, wie du es mir versprochen hast. Mit seinem
Geschrei macht er in unserem Revier alle Tiere scheu!"
Yakari versucht, die Wölfe zu beruhigen und sagt:

„Mein junger Freund
wollte nur zum Feuerriesen.
Glaub mir, Grauer Wolf,
er wollte euch nicht stören!
Wir verschwinden jetzt."

„O nein, so einfach kommt ihr nicht davon! Dein Freund
hat auch unsere Beute vertrieben", knurrt ein anderer Wolf
und fletscht gefährlich die Zähne.

„Dein Freund muss unsere Beute
ersetzen!", sagt Grauer Wolf und
die anderen Wölfe knurren dazu.
„Aber er hat doch keine Ahnung
vom Jagen. Er kann euch eure Beute
gar nicht ersetzen", erklärt Yakari.
„Das ist uns egal! Wir haben großen Hunger",
erwidert Grauer Wolf. „Ihr Menschen könnt in unserem
Gebiet nicht einfach machen, was ihr wollt. Ihr fügt uns mit
eurem Handeln Schaden zu."
„Ich verstehe euch", sagt Yakari und schaut Grauer Wolf an.
„Warum ist dein Freund dann nicht längst verschwunden?
Das Menschlein hat hier nichts zu suchen", sagt Grauer Wolf.

**„Wir werden vor dem Eingang
so lange auf ihn warten,
bis er herauskommt",
erklärt ein anderer Wolf.**

Gefangen in der Baumhöhle

Yakari weiß nicht mehr, was er noch sagen kann, um die Wölfe zu beruhigen. Er geht zurück in die Baumhöhle zu Wirbelwind und Kleiner Dachs.
„Yakari, sieh nur! Da sind die Geister! Sie starren uns die ganze Zeit an, als ob sie uns fressen wollen", ruft Wirbelwind und wirft sich Yakari in die Arme.

Kleiner Dachs zeigt
nach oben zur Wand.
Von dort starren
sechs weiße Augen
die Freunde aus ihren
unheimlichen Gesichtern an.

„Der eine Geist hat Hörner wie eine Kuh. Sie wollen uns aufspießen", sagt Kleiner Dachs mit zitternder Stimme. „Die Geister werden uns alle verfluchen. Wir müssen ganz schnell von hier verschwinden, bevor es zu spät ist", sagt Wirbelwind ängstlich und läuft mit Kleiner Dachs zum Ausgang.

Doch Yakari breitet die Arme aus und versperrt seinen Freunden den Weg.

„Da draußen warten wütende Wölfe auf uns. Ihr dürft nicht hinaus", sagt er bestimmt und stellt sich vor sie.

Yakari schaut nach oben. „Das sind doch nur Masken und keine Geister!", stellt er erleichtert fest und geht weiter in das Innere des Stammes. „Erinnert ihr euch an die Worte von Stiller Fels? Als das Feuer ausgebrochen ist, hat ein Indianerstamm hastig die Zelte abgebrochen, um vor den Flammen zu fliehen. Aber der Schamane des Stammes muss hiergeblieben sein", sagt Yakari und betrachtet einige Sachen, die auf dem Boden liegen, genauer. „Seht nur, hier steht sogar noch eine Trommel! Und hier ist eine andere Maske." Dabei hebt er eine Maske vom Boden auf, die fast so groß wie der Oberkörper eines Kriegers ist. „Stiller Fels hat eine ähnliche Maske. Ihr kennt sie doch. Es ist die Maske, die er beim Regentanz trägt."

Genau in diesem Moment
heulen draußen die Wölfe.
Wirbelwind und Kleiner Dachs
zucken zusammen.

Dann gehen sie vor zum Ausgang und schauen hinaus.
„O nein! Die Wölfe warten auf uns!", ruft Wirbelwind
ängstlich. „Was sollen wir nur machen? Hier kommen wir
nie mehr weg."
Grauer Wolf ruft Wirbelwind zu: „Sollen wir warten, bis
Hunger und Durst euch zu uns nach draußen treiben? Oder
sollen wir gleich zu euch reinkommen?" Er fletscht die
Zähne und knurrt.

Wirbelwind dreht sich zu Kleiner Dachs um. „Du rettest uns doch bestimmt, Kleiner Dachs!", sagt er und sieht seinen Freund bittend an. „Du bist so mutig. Du hast sogar einen Puma vertrieben. Dann wirst du uns auch vor den Wölfen beschützen."

Kleiner Dachs weiß nicht, was er antworten soll. Er schämt sich und schweigt.

„Sag Wirbelwind jetzt endlich die Wahrheit. Du hast dich schon viel zu lange davor gedrückt", sagt Yakari und nickt Kleiner Dachs aufmunternd zu.

Kleiner Dachs steht verlegen mit hängenden Schultern da. „Ich … ich habe dich angelogen, Wirbelwind. Ich habe den Stein im Zelt von Stiller Fels gefunden und heimlich eingesteckt. Ich bin heute das erste Mal im Feuerriesen, genau wie du", stottert er und wird rot. „Aber den Puma hast du doch verjagt? Oder stimmt das auch nicht?", fragt Wirbelwind. Enttäuscht schaut er seinen Freund an.

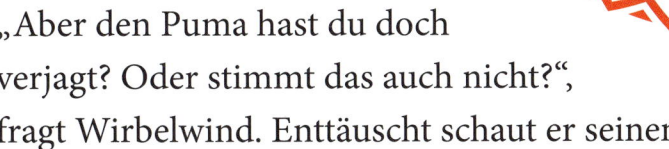

„Es tut mir so leid.
Das war auch gelogen",
antwortet Kleiner Dachs
mit gesenktem Kopf.
Er schämt sich fürchterlich.

„Du wirst die Wölfe nicht vertreiben?", fragt Wirbelwind enttäuscht. Kleiner Dachs schüttelt traurig den Kopf. „Dafür fehlt mir der Mut", gesteht er.

Rettung in letzter Sekunde

„Was sollen wir jetzt nur tun? Wir können nicht ewig hier bleiben! Wenn du die Wölfe nicht vertreibst, muss ich es eben tun", sagt Wirbelwind entschlossen.

Mit einem Satz springt er zu der großen, bunten Maske und hebt sie vom Boden auf.

Dann setzt er sich die Maske auf. So stürzt er zum Ausgang. Dabei knurrt er laut und hält die Hände wie Krallen vor seinen Körper. Yakari läuft ihm nach und erwischt einen Zipfel von seinem Hemd. „Bleib hier, Wirbelwind. Mit der Maske vertreibst du die Wölfe doch nicht. Sie erkennen dich! Dein Geruch verrät dich", ruft er.

Doch Wirbelwind reißt sich von Yakari los. Dabei verliert er die Maske. Ohne nachzudenken läuft er direkt auf die Wölfe zu.

Plötzlich stolpert er über eine Wurzel und fällt der Länge nach hin.

Schnell laufen Kleiner Dachs und Yakari zu ihm, um ihm wieder auf die Beine zu helfen, bevor die Wölfe ihn zu fassen kriegen. Die Wölfe knurren hungrig und fletschen die Zähne. Jetzt ist für sie der richtige Zeitpunkt gekommen, um anzugreifen.

Doch in diesem Moment
ertönt lautes Wiehern.

Das Geräusch von galoppierenden Pferden kommt näher
und wird lauter. Kleiner Donner, Orkan, Roter Mond und
Blitz stürmen herbei.
Die vier Pferde laufen auf die Wölfe zu und bäumen sich
vor ihnen auf. Sie werfen die Hufe nach vorn. Dabei
wiehern sie laut, während die Wölfe gefährlich zurückknur-
ren. Aber diesmal sind die mutigen Pferde in der Überzahl.

Gemeinsam schaffen sie es,
die Wölfe mit den Hufen
zurückzudrängen.

Schließlich geben die Wölfe auf. Sie drehen
sich um und laufen zum Waldrand.
Aber Kleiner Donner will sie nicht so
schnell entwischen lassen und läuft
Grauer Wolf hinterher. Yakari hat
seinen Freund beobachtet und
bekommt Angst um ihn. „Warte
bitte, Kleiner Donner!", ruft er und
läuft seinem Pferd schnell hinterher.

Als Grauer Wolf
Yakaris Stimme hört,
bleibt er stehen und
dreht sich noch einmal um.

„Verlasst schleunigst unser Revier! Oder ich hetze euch
unser ganzes Rudel auf den Hals", droht er.
„Wir reiten direkt nach Hause, Grauer Wolf! Wir stören
euch bestimmt nicht mehr bei eurer Jagd", sagt Yakari.
„Ich verlasse mich noch ein letztes Mal auf dein Wort.
Wenn du es ein zweites Mal brichst, kommen wir wieder.
Verlass dich drauf!", knurrt Grauer Wolf zurück.
Dann verschwindet er mit den anderen Wölfen im Wald.

„Danke, dass du uns gerettet hast, mein lieber Freund", sagt
Yakari und streichelt Kleiner Donner über die Nüstern.
„Ich bin so froh, dass wir noch rechtzeitig gekommen sind",
antwortet Kleiner Donner.
„Du hattest gestern so recht, als du zu mir gesagt hast, dass
die Flunkereien von Kleiner Dachs ein böses Ende nehmen
werden", meint Yakari.

„Kleiner Dachs ist wirklich ein großer Angeber", sagt Kleiner Donner.

„Er muss eben noch viel lernen. Aber er wird bestimmt
einmal ein mutiger Krieger", fügt Kleiner Donner hinzu.
„Das glaube ich auch", sagt Yakari. Doch plötzlich stutzt er.
„Warte! Woher wusstest du eigentlich, wo wir sind?"

Danke, Großer Adler

Kleiner Donner schaut hinüber zum
Feuerriesen. Oben auf einem Ast
sitzt Großer Adler und sieht zu Yakari
und Kleiner Donner hinunter.
„He, Großer Adler", ruft Yakari freudig.
Großer Adler breitet seine weiten Flügel aus
und fliegt mit großen Schwüngen hinauf in den Himmel.
„Danke, Großer Adler. Ohne dich wäre unser Abenteuer
nicht so gut ausgegangen", ruft Yakari und winkt ihm nach.
Kleiner Donner geht zu Kleiner Dachs und Wirbelwind.

„Ich war wirklich im Feuerriesen", ruft Wirbelwind stolz.

„Wenn mein Totemtier nicht auf uns aufgepasst hätte, hätten
uns die Wölfe erwischt", erklärt Yakari seinem jungen Freund.

„Wir müssen jetzt schnell in unser Dorf zurückreiten.
Unsere Eltern warten bestimmt schon auf uns", sagt Yakari.
„Yippie!", ruft Wirbelwind und reitet mit Roter Mond voran.
Kleiner Dachs folgt ihm und holt ihn bald ein.
„Hör mal, Wirbelwind, das war keine gute Idee mit meinen
erfundenen Heldengeschichten! Es war wirklich überhaupt
nicht in Ordnung, dass ich dir erzählt habe, ich hätte den
Stein im Feuerriesen gefunden", sagt Kleiner Dachs
zerknirscht. „Ich wollte dich nur aufziehen, Wirbelwind.
Das tut mir so leid."
„Es war mutig von dir, Wirbelwind die Wahrheit zu sagen",
sagt Yakari zu Kleiner Dachs und lächelt ihn an.

„Weißt du was, Kleiner Dachs, ich habe jetzt wirklich einen Stein aus dem Feuerriesen", sagt Wirbelwind. Er zieht den Stein aus seiner Tasche und zeigt ihn Kleiner Dachs und Yakari, der hinter ihnen reitet.

Dabei strahlt Wirbelwind
über das ganze Gesicht.
Seinem Freund Kleiner Dachs
hat er längst verziehen.

„Ich bin eben der Mutigste von allen!" Wirbelwind lacht und treibt sein Pferd weiter an. Kleiner Dachs prescht hinterher und die beiden reiten um die Wette zurück nach Hause.

„Kleiner Donner, es ist so schön, dass du bei mir bist. Auf dich kann ich mich immer verlassen!", sagt Yakari.
„Du hast mich auch noch nie im Stich gelassen, Yakari. Bei dir bin ich frei und habe trotzdem einen treuen Freund", antwortet Kleiner Donner.

Orkan reitet an ihnen vorbei
und schüttelt die Mähne.
„Bis bald", rufen Kleiner Donner
und Yakari ihm zu.
„Lauf, Kleiner Donner",
sagt Yakari und lacht.

Leseurkunde

Hurra, ich habe das ganze Buch geschafft!

Ich heiße _____

Ich bin _____ Jahre alt.

Ausgefüllt am _____